T0021363

Kioto

GUÍA DE 30 EXPERIENCIAS ESENCIALES

ESCRITO POR THIERRY TEYSSIER
FOTOS DE ITO MAKOTO Y EBISU SHIN
ILUSTRADO POR FAUSTINE FERRARA

EDITORIAL JONGLEZ

Guías de viaje

*"UNA TARDE DE KIOTO
EN EL ESPACIO DE UN CEREZO
HEME AQUÍ IZADO EN LO ALTO
DE LA EBRIEDAD DE EXISTIR"*

RENÉ DEPESTRE

Kioto es una ciudad singular que, como todo Japón, nunca deja indiferente. O te encanta o la odias, ¡nunca es un sentimiento intermedio!

También es una ciudad secreta que no se deja descubrir tan fácilmente como uno cree.

Ahí reside su primer atractivo: cada día en Kioto te reserva su dosis de sorpresas y encuentros. Podrías pasar 10 años en esta ciudad y seguirías descubriendo lugares escondidos mientras paseas, mantienes una conversación o sales con amigos.

Para respetar y comprender esta ciudad única, hay que aceptar ralentizar su frenética carrera y dejarse conquistar por el ritmo lento de sus habitantes.

Para visitar Kioto primero hay que respirar, luego observar y por último sentir. Solo entonces Kioto se abrirá a ti para maravillarte.

EN ESTA GUÍA
NO ENCONTRARÁS

- La lista de museos de la ciudad
- Dónde asistir a un espectáculo de geishas
- Cómo subir a lo alto de la torre de Kioto

EN ESTA GUÍA
ENCONTRARÁS

- El lugar más hermoso a orillas del río para hacer pícnic sin que te molesten las águilas
- El lugar para hacer tu propia barbacoa detrás del mercado de pescado
- Una casa privada donde aprenderás la ceremonia del té
- Al artesano que ha recuperado los abanicos de Kioto
- Un bar escondido en un templo
- El mejor sándwich de huevo de la ciudad
- Baños públicos transformados en un café
- Los *aburi-mochi* causantes de una rivalidad de más de 1000 años

LOS SÍMBOLOS DE
"KIOTO"

< 40 euros

De 40 a 80 euros

> 80 euros

No hablan inglés, en caso
de tener que reservar pide
ayuda a tu hotel (o a amigos
japoneses)

100 % Japón
tradicional

A veces tendrás que mostrar la dirección
de los lugares al taxista, así que te las
ponemos en japonés en cada página

30 EXPERIENCIAS

PABELLÓN
DE ORO

01. Asa tu pescado en el mercado
02. El *speakeasy* de Kioto
03. Dormir en un jardín japonés
04. Una copa de vino desde por la mañana
05. Regalarse un abanico de Kioto
06. Un sándwich de huevo que no olvidarás nunca
07. Para los fanáticos del papel
08. La mejor pizza de la ciudad
09. Meditar en un templo secreto
10. Es la hora del donut
11. Un bar de sake en un almacén de madera
12. Un té matcha diferente
13. La quintaesencia de la artesanía japonesa
14. Llenar la maleta de caramelos
15. Un *coffee shop* en el país del té
16. Un pícnic a orillas del río
17. Un *concept store* en un templo
18. Elegir tu lado de la calle para degustar unos *mochis* asados
19. Hacerte un kimono a medida
20. Un taller creativo detrás del mercado de pescado
21. Los mejores postres de Kioto
22. Un alto en el camino de los filósofos
23. Buscar objetos antiguos entre dos pastelerías veganas
24. Un *brunch* atemporal
25. Una tienda de antigüedades llena de secretos
26. Ser un invitado como si estuvieras en tu casa
27. Baños públicos transformados en un café
28. La mejor puesta de sol
29. Música electrónica a la luz de las velas
30. Una noche mágica a 2 horas de Kioto

CASTILLO
NIJO

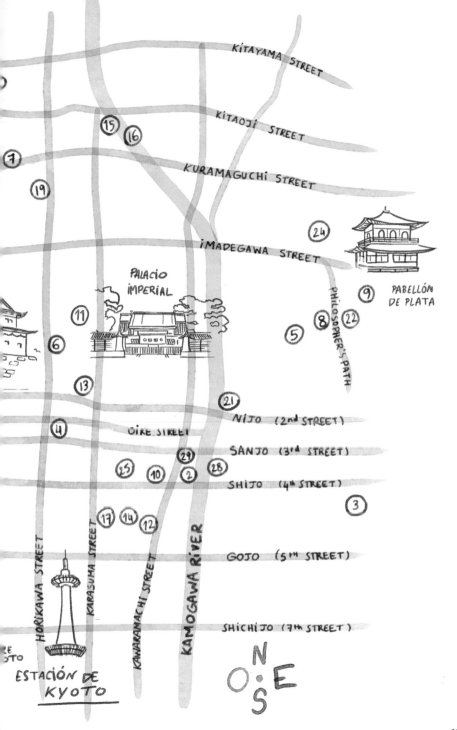

#01

ASA TU PESCADO
EN EL MERCADO

En Japón, la barbacoa es una institución. Es uno de los pilares de la gastronomía japonesa, en casa o en los grandes restaurantes.

En caso de querer hacer una buena reunión con amigos, hay sitios como este donde puedes traer todo lo que quieras asar en una barbacoa.

Date un capricho: en los pasillos del mercado situado detrás compra todo lo que te apetezca o deja que sea el dueño del lugar quien se encargue de elaborar los platos.

Información importante: bastante tranquilo durante la semana, el lugar está muy animado durante fin de semana.

📍 **BBQ COURT 339**
(KABUSHIKIGAISHA SANSAKU)
74 SUJAKUHOZOCHO, SHIMOGYO-KU

京都市下京区 朱雀宝蔵町 74

| TODOS LOS DÍAS: 11:00 – 22:00 h | +81 12-047-8339 | bbq.339.co.jp |

#02

EL *SPEAKEASY*
DE KIOTO

Situado en el corazón del barrio de Pontocho, no te resultará fácil encontrarlo si lo que buscas es un bar. Prueba con una librería, tendrás más suerte.

¿Una pista? Una puerta amarilla. Y detrás, sin duda alguna los mejores cócteles de la ciudad.

BEE'S KNEES
364 KAMIYACIIO, NAKAGYO KU

京都市中京区 紙屋町 364
マツヤビル 1F

MAR – JUE Y DOM: 18:00 – 01:00
VIE – SÁB: 18:00 – 02:00
LUN: cerrado

+81 75-585-5595

bees-knees-Kioto.jp

DORMIR EN
UN JARDÍN JAPONÉS

Entre los *ryokan* extremadamente estrictos que solo se suelen recomendar para una noche y los grandes hoteles internacionales, es difícil encontrar el hotel de tus sueños en Kioto.

Y de repente, un día, oyes hablar de Sowaka: por fin un buen sitio en el centro de la ciudad histórica donde poder alojarte entre dos visitas... con la ventaja adicional de una bienvenida y un servicio que te transportan al corazón de la hospitalidad japonesa.

 SOWAKA HOTEL
480 KIYOI-CHO, YASAKA TORIIMAE-SAGARU,
SHIMOGAWARA-DORI, HIGASHIYAMA-KU

京都市東山区下河原通八坂鳥居前下ル清井町480

+81 75-541-5323   sowaka.com

UNA COPA DE VINO
DESDE POR LA MAÑANA

Un lugar que ha pensado en los desafortunados europeos que, a causa del *jet lag*, ya no saben si es por la mañana, por la tarde o mitad de la noche.

Tarel es la primera tasca de vinos que abre por la mañana, y que también es un café. El dueño hace su propio pan, así que desayunar aquí sobre la marcha también es una buena idea.

📍 **TAREL**
130 SHIKIAMICHO, SHIKIAMI CONCON 01,
NAKAGYO-KU

京都市中京区 式阿弥町 130

TODOS LOS DÍAS: 11:00 – 19:00

Consultar Instagram para saber los horarios porque suelen cambiar: @tarel_Kioto

REGALARSE UN ABANICO
DE KIOTO

Al final de un pequeño camino hay un taller muy especial donde se fabrican abanicos: Hachiya Huchiwg decidió especializarse en la reconocidísima forma de los abanicos de Kioto. Un renacimiento auténtico de esta artesanía, dado que el último taller como este desapareció hace casi 50 años.

Aquí, tras elegir el papel que te gusta, el abanico tomará forma bajo tus atónitos ojos.

HACHIYA UCHIWA
40 SHISHIGATANI
HONENIN NISHIMACHI,SAKYO-KU

京都市左京区鹿ヶ谷法然院西町40

SÁB - DOM: 10:00 – 17:00

info@hachiya-uchiwa.jp
Instagram: @hachiya_uchiwa

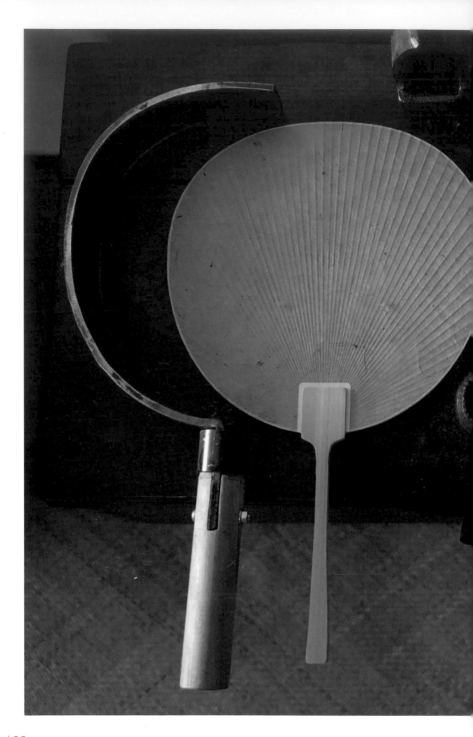

SONGBIRD COFFEE
NAKAGYOKU TAKEYACHODOORI
HORIKAWA HIGASHIIRI
NISHITAKEYACHO 529, 2ª planta

中京区竹屋町通堀川東入ル
西竹屋町529

VIE - MIÉ : 11 :00 – 20 :00
JUE –1 ᴱᴿ Y 3 ᴱᴿ MIÉ DE MES:
cerrado

+81 75-252-2781

songbird-design.jp/webstore

UN SÁNDWICH DE HUEVO
QUE NO OLVIDARÁS JAMÁS

Los estudiantes japoneses no se equivocan: cuando quieren un sándwich de huevo van a Songbird. No dudes en imitarles si quieres comer rápido y bien.

La versión tres estrellas del top ventas de los *convenient stores* de Kioto.

PARA LOS FANÁTICOS
DEL PAPEL

Siendo una cultura que le da un gran protagonismo a la escritura y al dibujo, es lógico que existan muchos talleres en el centro de Kioto. Pero si buscas el papel más raro, no dudes en venir aquí.

En su taller atemporal, Kamisoe crea papeles cada cual más bonito, que despiertan unas irrefrenables ganas de coger una pluma y de ponerte a escribir sin demora.

 KAMISOE
11-1 MURASAKINO KITA-KU,
HIGASHI FUJINOMORI-CHO,
KITA-KU

京都市北区紫野東藤ノ森町
11-1

MAR – DOM: 12:00 – 18:00
LUN: cerrado

+81 75-432-8555

kamisoe.com

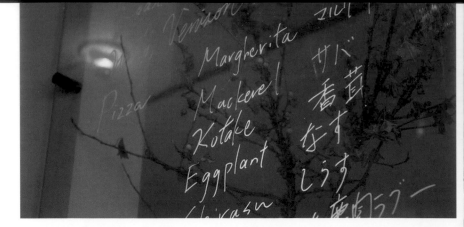

LA MEJOR PIZZA
DE LA CIUDAD

¿Una pizza japonesa? Sí, existe, y merece la pena probarla. La encontrarás en Monk, el restaurante de tus sueños: una sutil mezcla entre gastronomía japonesa y tecnicidad internacional, a menos que sea lo contrario...

Monk propone un menú impresionante que no dejará de asombrarte, y por si fuera poco, con la mejor pizza de la ciudad, revisitada con ingredientes japoneses que te transportarán a sabores sorprendentes y sutiles: carne de caza, caballa, *shirasu* o incluso berenjena laqueada...

Pídele al chef de nuestra parte que corte las pizzas en varios trozos para que puedas disfrutar del privilegio de probarlas todas.

 MONK
147 JODOJI SHIMOMINAMIDA-CHO,
SAKYO-KU

京都市左京区浄土寺下南田町147

MAR – SÁB: 17:00 – 23:00 (último servicio a las 20:30 h) | +81 75-748-1154 | restaurant-monk.com
DOM – LUN: cerrado

MEDITAR EN
UN TEMPLO SECRETO

Con 1600 templos budistas y casi 400 santuarios sintoístas, Kioto te da la opción de poder elegir tus visitas. Pero además de los monumentos más famosos como los pabellones de oro o de plata, deja que tus pasos te guíen hacia algunos lugares más discretos y no menos interesantes.

Honen-in es uno de ellos. La tranquilidad de este templo desconocido permite al visitante descansar, respirar y meditar. La gratitud está al final del camino, o más bien entre estos maravillosos jardines.

 HONEN-IN
30 SHISHIGATANI GOSHO NODANCHO, SAKYO-KU 京都市左京区鹿ヶ谷御所ノ段町 30

TODOS LOS DÍAS: 6:00 – 16:00   +81 75-771-2420   honen-in.jp

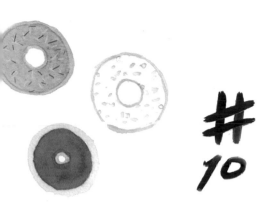

10

ES LA HORA
DEL DONUT

Cuando arquitectos y diseñadores deciden crear una tienda de donuts ética y responsable el resultado es sorprendente: tus papilas gustativas lo van a recordar durante mucho tiempo.

Aquí, hasta la harina se elabora en la cocina situada enfrente de ti. Y si no te convence ningún donut para llevar en la larga lista que ofrecen, toma asiento y pide uno que te hacen al momento y sirven en un plato. De-li-cio-so.

 KOÉ DONUTS
557 NAKANO-CHO, SHINKYOGOKU-DORI
SHIJO-AGARU, NAKAGYOKU

京都府京都市中京区新京極通四条上ル中之町五五七番地

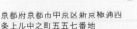

| TODOS LOS DÍAS: 8:00 - 20:00 | +81 75-748-1162 | koe.com/koedonuts |

UN BAR DE SAKE EN
UN ALMACÉN DE MADERA

¿Un *izakaya* en un almacén de madera cuando las oficinas cierran?

No hay nada más fácil en Kioto.

Ikura Mokuzai te deleitará con su ventresca de bonito asada a la parrilla sobre una mezcla de tablas de madera que nunca hubiesen pensado tener un destino tan divertido.

SAKABA IKURA MOKUZAI
77-1 YABUNOUCHI-CHŌ,
SHIMOCHOJAMACHI-DORI
NISHINOTŌIN-HIGASHIIRU, KAMIGYŌ-KU

京都市上京区下長者町通西洞院
東入 藪之内町77-1

LUN – SÁB: 17:00 – 22:00
DOM Y FESTIVOS: cerrado

+81 90-9848-0995

Instagram @sakaba_ikuramokuzai

UN TÉ MATCHA
DISTINTO

Está la moda de los *coffee shops* en el mundo entero... y luego está Yugen en Kioto.

Imagina un *coffee shop*, sustituye el café por té matcha y obtendrás un lugar que ha sabido combinar lo mejor de las tradiciones ancestrales y de las tendencias de nuestra época.

Una modernidad que te quita el aliento y unos productos sublimes.

Un consejo, pide dos directamente porque es lo que vas a querer hacer de todos modos.

YUGEN
266-2 DAIKOKU-CHO,
SHIMOGYO-KU

京都府 京都市下京区 大黒町 266-2

| TODOS LOS DÍAS: 11:00 - 19:00 | +81 75-606-5062 | yugen.llv-japan.com |

1

2

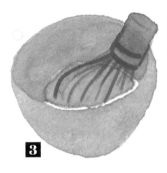

3

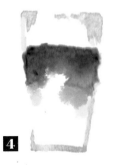

4

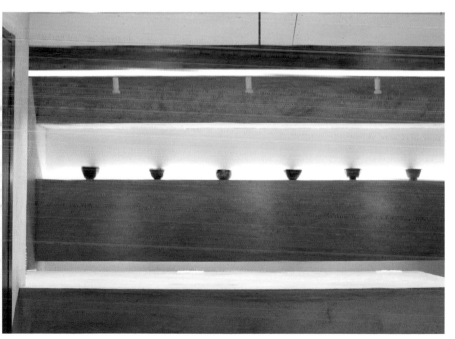

LA QUINTAESENCIA DE
LA ARTESANÍA JAPONESA

YDS es una galería de arte que mezcla espacios expositivos y una selección de objetos a la venta. Pasan una parte del año recorriendo Japón en busca de los artesanos más desconocidos... Y la otra parte compartiendo contigo los tesoros que han encontrado.

La casa familiar tradicional es magnífica, la selección rigurosa, el momento único. Tómate tu tiempo para visitar todas las plantas.

YDS SHOP & GALLERY
717 NIJOSHIN-CHO, SHINMACHI-DORI
NIJO-AGARU, NAKAGYO-KU

中京区新町通二条上ル二条新町717

MAR – SÁB: 11:00 – 18:00
DOM, LUN, 2º SÁB DE MES
Y FESTIVOS: cerrado

+81 75-211-1664

takahashitoku.com/yds

LLENAR TU MALETA
DE CARAMELOS

Si buscas satisfacer los ojos tanto como las papilas gustativas, los caramelos multicolor de Crochet son el regalo ideal para llevarte de Kioto. Todo es perfecto en esta minúscula tienda, hasta el empaquetado que sorprenderá a más de uno.

Puro Japón en un caramelo.

 CROCHET
69 AYAKOJI TOMINOKOJI HIGASHIIRI
SHIOYACHO, SHIMOGYO-KU

京都市下京区綾小路富小路東入塩屋町69

| MIÉ – DOM: 10:30 – 19:00 LUN – MAR: cerrado | +81 75-744-0840 | crcht.com |

クロッシェ

kyoto

京あめ

UN *COFFEE SHOP*
EN EL PAÍS DEL TÉ

Wife & Husband tiene una filosofía que se describe en tres palabras: café, antigüedades y pícnic. En este lugar que no se parece a ningún otro, se puede degustar lo primero buscando entre las segundas, antes de alquilar todo lo necesario para saborear un almuerzo al aire libre.

Si les preguntas: *"What's next?"*, se encogen de hombros. Un espacio minúsculo y acogedor situado en la planta baja de su casa, una torrefacción extremadamente precisa y unas tapas de queso con miel para chuparse los dedos, no hay efectivamente nada que cambiar en su receta de la felicidad.

Pero cuidado porque hay pocas mesas: puede que tengas que esperar un poco fuera. Es la oportunidad de aprender, como un verdadero japonés, a apreciar la espera como un potenciador del placer.

WIFE & HUSBAND
 **106-6 KOYAMASHIMOUCHIKAWARAMACHI,
KITA-KU**

京都市北区小山下内河原町106-6

TODOS LOS DÍAS: 10:00 – 17:00
(comprobar los días de cierre en la web)
Fin del servicio de pícnic a las 15 h

+81 75-201-7324

wifeandhusband.jp

- WIFE & HUSBAND -

LUGAR EMBLEMÁTICO DE KIOTO, WIFE & HUSBAND ES UNA CAFETERÍA
MUY DISTINTA AL RESTO, DONDE LA TRANQUILIDAD Y LA SERENIDAD SINTETIZAN
TODOS LOS SABORES DE LA FILOSOFÍA JAPONESA.

ENTREVISTA

¿Cuándo se os ocurrió crear Wife & Husband?

Ikumi: Desde pequeña, siempre he querido tener una tienda, aunque a mis padres les habría gustado más que pensara en otra cosa.

Kyoichi: La idea de la cafetería vino sola. Sabíamos lo que queríamos compartir: ¡café, antigüedades que nos encantan y el arte del pícnic! De hecho, no es un concepto, es nuestra filosofía de vida. Nos encantan el café, las antigüedades y disfrutar de momentos en el río. ¿Por qué no dedicar nuestra vida a eso? No hemos buscado abrir nuestra cafetería en una calle muy concurrida para tener mucho éxito, de hecho, no hemos buscado nada... simplemente hemos abierto nuestra casa.

Me habéis dicho que habéis diseñado vosotros mismos vuestra cafetería...

K: Sí, todo. Nos gustan las antigüedades y nos pareció lógico encargarnos nosotros del diseño de nuestra tienda.

I: Nos gusta ocuparnos de los objetos antiguos. No nos gusta la sociedad actual en la que vivimos: comprar, consumir, tirar. No estamos de acuerdo.

K: ¡Todos nuestros clientes quieren comprar nuestros objetos! Así que decidimos abrir una galería.

El tercer elemento de vuestra filosofía es el pícnic. ¿Por qué?

I: Surge de lo mismo. No nos sentíamos a gusto con el concepto de "comida para llevar" y los desperdicios que produce.

K: Como lo que más nos gusta es pasar tiempo en el río, decidimos aprovechar que lo tenemos al lado y alquilar objetos que nuestros clientes nos devuelven tras usarlos. No estamos en París, donde podríamos haber tenido una terraza con mesas fuera. Ofrecer la posibilidad de hacer un pícnic a orillas del río es nuestra manera de ampliar nuestra cafetería que es realmente minúscula a la vez que compartimos un lugar que nos encanta.

¿Lográis seguir disfrutando de Kioto?

I: Sí, aunque con los niños lo hacemos menos. Creo que es importante enseñarles a compartir este tipo de momentos.

¿Cómo describiríais vuestra ciudad?

K: Crecí en Kobe y vine a Kioto a seguir con mis estudios. ¡Me enamoré de la ciudad y decidí quedarme!

Kioto es compacta. Sin embargo, tiene muchos espacios de vida y hay naturaleza por todas partes. Viviendo aquí, podéis apreciar y disfrutar del equilibrio entre cada elemento.

I: Aquí en Kioto las normas de urbanismo son muy estrictas. No hay edificios enormes y puedes ver las montañas desde cualquier sitio. Cuando estás en el río puedes ver el cielo extenderse muy lejos.

¿Qué experiencias compartirías con los lectores?

I: ¡Venid a hacer pícnic al río! (risas) Me encanta sobre todo pasear por el santuario Shimogamo.

K: El jardín botánico es maravilloso.

Después del *coffee shop*, la tienda de antigüedades y el tostador de café, ¿cuál es vuestro próximo proyecto?

¡Ninguno! Abrimos el tostador de café porque nuestras necesidades crecían y debíamos ser respetuosos con nuestro vecindario para no molestarles con el humo y los olores. Hemos conseguido todo lo que queríamos. No necesitamos nada más.

UN PÍCNIC
A ORILLAS DEL RÍO

Es imposible visitar Kioto y no hacer pícnic con los pies metidos en la hierba a orillas del río Kamo-Gawa.

Pero elige bien dónde te vas a poner: las águilas que hacen compañía a los navegantes son tan majestuosas como golosas y nunca es agradable que un pico curvado al que no has oído acercarse te arranque el bocadillo.

¿Cómo evitarlo? Ve a Wife & Husband, alquila el material necesario e instálate cerca de ellos porque las águilas no vienen a esta parte del río.

 WIFE & HUSBAND
106-6 KOYAMASHIMOUCHIKAWARACHO,
KITA-KU

京都市北区小山下内河原町106-6

| TODOS LOS DÍAS: 10:00 – 17:00 (comprobar los días de cierre en la web) Fin del servicio de pícnic a las 15 h | +81 3-6825-3733 | wifeandhusband.jp |

D&DEPARTMENT
397 SHINKAICHO, TAKAKURA-DORI
BUKKOJI-SAGARU,
SHIMOGYO-KU

京都市下京区高倉通仏光寺下ル新開町397
本山佛光寺内

JUE – LUN: 11:00 – 18:00
MAR – MIÉ: cerrado
Última comanda a las 17:00

+81 75-343-3217

d-department.com

UN *CONCEPT STORE* EN
EL CORAZÓN DE UN TEMPLO

Cuando uno pregunta: "¿dónde está el *concept store* de referencia en Kioto?", es sorprendente que te indiquen que vayas a... un templo.

Y, sin embargo, D&Department es la mejor respuesta: en el corazón de un templo, una tienda, un salón de té-restaurante y un espacio expositivo te esperan.

¿La guinda del pastel? También tienen una editorial que merece que le dediques tiempo a la belleza de sus publicaciones.

ELEGIR TU LADO DE LA CALLE PARA DEGUSTAR **UNOS *MOCHI* ASADOS**

Imagínate una familia que decidió hace más de 1000 años abrir un sitio de degustación único de *aburi-mochis*, esos deliciosos *mochis* asados, laqueados con salsa de miso.

El éxito fue inmediato y la empresa creció. Hasta tal punto que siglos más tarde, un primo pasó a la competencia y montó un negocio con la misma receta única... al otro lado de la calle.

Desde aquel día, las generaciones de kiotenses tienen que elegir uno de los dos establecimientos para degustar los mejores *aburi-mochis* de la ciudad. E ir siempre al mismo.

ICHIWA ABURI MOCHI
69 MURASAKINO IMAMIYACHO,
KITA-KU

京都府京都市北区紫野今宮町 69

JUE – MAR: 10:00 – 17:00
MIÉ: cerrado

+81 75-492-6852

Facebook
あぶり餅　一和（一文字屋和輔）

HACERSE
UN KIMONO A MEDIDA

Kimonos y yukatas, ¡allá vamos!

Hinodeya es una de las casas más respetables de Kioto.

Entra y date un capricho: hacen a medida el traje tradicional japonés que quieras, con las telas que elijas.

Son tan amables que te lo envían a cualquier parte del mundo. Si no quieres elegir cuál hacerte, un consejo, hazte uno para cada época.

 HINODEYA
106 KEIKAIN-CHO, OMIYADORI
TERANOUCHI-SAGARU, KAMIGYO-KU

京都市上京区人宮通り寺ノ内下がる
花開院町106

LUN – VIE: 10:00 – 18:30		hinodeya.co.jp
SÁB: 10:00 – 18:00	+81 75-441-1437	Instagram @hinodeya1868
DOM: cerrado		

UN TALLER CREATIVO
DETRÁS DEL MERCADO
DE PESCADO

¿Las mejores invenciones del mundo se crearon realmente en garajes? Aquí tienes uno que te confirmará que sí.

Escondido en las callecitas situadas detrás del mercado de pescado, el Kioto Makers Garage, te acoge para pasar unas horas de distracción. Impresora 3D, cortadora láser...

Todo tuyo.

 KIOTO MAKERS GARAGE
73-1 SUJAKUHOZOCHO, SHIMOGYO-KU

京都市下京区朱雀宝蔵町73-1
ライトワンビル1F

| SÁB – MIÉ: 10 :00 – 19 :00
JUE – VIE: cerrado | +81 75-205-5319 | Kiotomakersgarage.com |

LOS MEJORES
POSTRES DE KIOTO

Un salón de té muy discreto, un escaparate de pasteles para llevar, el lugar parece casi anodino. Pero el secreto está en los postres servidos en platos que Satomi Fujita te prepara en un minuto y que tienen toda la delicadeza de su creadora.

Unas delicias de texturas y sabores a probar sin dudarlo.

 KASHIYA
270-3 YOSHINAGACHO, SAKYO-KU   京都府京都市左京区吉永町270-3

| MIÉ – LUN: 11:30 – 19:00 MAR: cerrado | +81 75-708-5244 | Instagram @kashiya_Kioto |

22

UN ALTO
EN EL CAMINO
DE LOS FILÓSOFOS

El paseo por el camino de la filosofía es un *must* después o antes de visitar un templo de plata, sobre todo si tienes la suerte de venir en primavera, cuando los cerezos florecen. Pero existe otro tesoro en este camino, que abre todo el año: Artech.

Cerámicas, madera, esmalte, metal... Una selección de artesanía japonesa muy fina que te empuja a sucumbir en cada estantería.

 KISO ARTECH
43 SHISHIGATANI HONENINCHO,
SAKYO-KU

 京都市左京区鹿ケ谷法然院町43

TODOS LOS DÍAS: 08:30 – 17:30 | +81 75-751-7175 | kiso-artech.co.jp
(consultar los días de cierre en la web)

- PROJET GO ON -

IDEADO POR SEIS CREADORES, EL PROYECTO "GO ON" TIENE SUS RAÍCES EN LA ARTESANÍA TRADICIONAL Y SE DESARROLLA EN MÚLTIPLES ÁMBITOS COMO EL ARTE. EL DISEÑO, LA CIENCIA Y LA TECNOLOGÍA.

En vuestra opinión, ¿cómo podríamos describir Kioto?

Kioto es un tesoro vivo de Japón donde la naturaleza está en todas partes. Estamos rodeados de montañas al lado del lago más grande de Japón. Aunque Kioto es conocida por la belleza de sus monumentos y de su cultura, lamentablemente es difícil mantener y proteger esta última.

Sin embargo, representáis la quintaesencia de la artesanía artística de Kioto y parecéis estar en plena expansión.

Hoy, tal vez... pero no era el caso hace 15 años. No había futuro para los conocimientos y técnicas ancestrales que estaban representados por nuestras familias. Nuestros padres no querían que pasáramos nuestras vidas a su lado. No había esperanza ni dinero.

Con 20 años decidimos unirnos para cambiar el estado de ánimo y la mentalidad que existía en torno a la artesanía artística. "Go On" nació de la voluntad de compartir nuestro saber hacer

con los niños para despertarles las ganas de convertirse en artesanos. ¡Como un sueño que cumplir! Organizamos exposiciones, participamos en debates, creamos eventos.

¿Cuál es vuestra filosofía?
Permanecemos arraigados en el respeto por nuestra artesanía y cuidamos, juntos, las emociones que nos guían.

¿Qué partes de Kioto recomendaríais?
En los alrededores de Kioto, podéis pasar una noche en la prefectura de Shiga donde está el lago Biwa. O en Ine y Amanohashidate en el mar de Japón, pasando por Tamba. Detrás de la tienda Kaikado, también te puedes dejar tentar por lo que fue antaño un barrio de mala fama. Hay un canal muy bonito con una antigua fábrica de galletas a descubrir. Si no, nos gusta mucho el lugar donde los dos ríos se unen y también Arashiyama, que es una mezcla muy interesante de naturaleza y templos, aunque el barrio es más turístico. Y por supuesto, la experiencia que no puedes perderte: ¡subir el monte Daimonji!

¿Un último consejo para disfrutar aun más de Kioto?
Si queréis que todos puedan seguir disfrutando mucho tiempo de Kioto, ¡empecemos por protegerlo! Es muy sencillo: no hagas nada en Kioto que no harías en tu ciudad. Ven a visitar Kioto en la tranquilidad y respetándola. Pasad a vernos, ¡nos encantará hablar con vosotros y compartir!

Kaikado	Cajas de té	kaikado.jp
Kochosai Kosuga	Bambú	en.kohchosai.co.jp
Hosoo	Seda	hosoo-Kioto.com
Nakagawa Mokkugei	Madera	kogeistandard.com
Kanaami Tsuji	Metal	kanaamitsuji.net
Asahiyaki Ware	Cerámica	asahiyaki.com

BUSCAR OBJETOS ANTIGUOS ENTRE **DOS PASTELERÍAS VEGANAS**

Un oasis en Kioto... Es imposible entrar en Stardust y no sentir la serenidad que esta tienda te aporta, lejos de la agitación del mundo exterior que de repente ha quedado muy lejos.

Aquí tienes un café vegano gourmet que te va a reconciliar con algunos principios y beneficios. Y una vez saciado, te esperan las cerámicas, la ropa y demás objetos antiguos.

 STARDUST
41 SHICHIKU SHIMOTAKEDONOCHO, KITA-KU

 京都市北区紫竹下竹殿町 41

MAR – MIÉ – SÁB Y DOM: 11:00 – 18:00
LUN Y JUE: cerrado

+81 75-286-7296

stardustKioto.com
Reserva obligatoria
para el café

UN *BRUNCH* ATEMPORAL

No te puedes perder bajo ningún concepto el *brunch* del salón de té Farmoon, uno de los lugares más secretos y únicos de Kioto.

La experiencia es inigualable y saldrás de ella transformado... No podemos decirte mucho más para no estropearte el descubrimiento.

 FARMOON
9 KITASHIRAKAWA HIGASHIKUBOTACHO
SAKYO-KU

京都市左京区 北白川東久保田町 9

Los días de apertura varían, consultar en
Instagram: 12:00 - 17:00
LUN – MIÉ: cerrado

Necesario reservar en info@farmoon.Kioto.jp
Instagram @farmoon_Kioto

UNA TIENDA
DE ANTIGÜEDADES
LLENA DE SECRETOS

Cuando el alma del mercado de las pulgas parisino de Saint-Ouen llega a las calles de Kioto...

Sowgen es un lugar único en el que te encantaría buscar objetos antiguos para descubrir el alma de Japón. Y entre los pasillos llenos aparecerá como por arte de magia el salón de té más encantador que exista.

Tómate el tiempo de detenerte aquí, es en sus recovecos donde se descubre la belleza de este país.

 SOWGEN
573 TAKAMIYACHO, NAKAGYO-KU

京都市中京区高宮町573

MAR – DOM: 11:30 – 19:30
LUN Y 1ER MIÉ DE MES: cerrado

+81 75-252-1007

sowgen.com
instagram : @sowgen_shijo

SER UN INVITADO
COMO SI ESTUVIERAS
EN TU CASA

Todos sueñan con abrir la puerta de una auténtica casa japonesa, descubrir su día a día, conocer a su propietario.

Con la casa Totousha el sueño se hace realidad. Reserva tu visita y sumérgete en el corazón de la cultura japonesa tradicional: reserva una ceremonia del te, un curso de caligrafía, un taller de teatro Nô... Aquí, todo es posible. Tarek te recibirá para compartir contigo la pasión de su cultura.

Pídele también que te lleve a dar una vuelta por los templos de alrededor: el paseo es excepcional.

 TOTOUSHA
63-38 MURASAKINO DAITOKUJICHO,
KITA-KU

北区紫野大徳寺町63-38

+81 90-4616-3887 | Sur demande auprès de totousha.com

© MARIANO WECHSLER

- KIKI GEISSE -

ESPECIALISTA EN CULTURA JAPONESA, KIKI GEISSE SE DEDICA
A LA CEREMONIA DEL TÉ DESDE HACE 12 AÑOS

Kiki san, ¿cuál es tu vínculo con Kioto?
Vine a estudiar el té, lo que me permitió descubrir personas y lugares que no suelen ser fácilmente accesibles. Fue una experiencia mágica y un asombro constante.
Kioto es una ciudad muy especial. Su ritmo es muy lento si la comparas con Tokio, por ejemplo. Cuando uno visita Kioto, hay que intentar adaptarse a este ritmo, a esta lentitud. Si quieres disfrutar de Kioto, hay que ser paciente, observar y sentir más que vivir las visitas como un turista. No buscar visitar cinco templos al día o conseguir la foto Instagram del día, sino más bien vivir el momento presente y la conexión con cada lugar. Tiene que ser un acto consciente.

¿Cuál es para ti la mejor manera de disfrutar de Kioto?
¡En bici, definitivamente!
Toma el río como eje central de tus paseos, sube al norte hasta el templo Kamigamo y baja al sur hasta la 7ª calle a la altura del Kaikado café (hacen unos cócteles de té excelentes). Desde este eje, da paseos, toma desvíos según los barrios que quieres visitar.

Aunque gran parte de Kioto quedó destruida, ¡aún queda mucho por descubrir!

Formas parte de los creadores de Totousha que estuvo abierta cuatro años. Háblanos de tu experiencia.

Éramos tres jóvenes licenciados con ganas de poner en práctica la cultura del té que habíamos aprendido. Hay que entender que son pocas las personas en Japón que pueden llevar esto a cabo. Organizamos un primer evento abierto al público para llamar la atención sobre los baños públicos que corrían peligro en Kioto. Con la cobertura que les dieron los medios de comunicación, descubrimos cuán importante era la ausencia y la necesidad de cada uno de estar conectado a otros y a las raíces de nuestras tradiciones. Kioto es una ciudad muy cerrada, ¡incluso para sus propios habitantes!

De ahí nació la aventura Totousha con una explosión de libertad, de creatividad y de encuentros con personas de todas las edades, culturas y horizontes. Mezclamos los géneros y reflexionamos en la manera de anclar cada parte de nuestra cultura en nuestro día a día. Cruzar el umbral de la puerta de Totousha forma parte de las experiencias íntimas, al contrario que un museo o una galería de arte. En Totousha entiendes la vida y la cultura tradicional con la impresión de integrar y de pertenecer a una comunidad.

27

UNOS BAÑOS PÚBLICOS TRANSFORMADOS
EN CAFÉ

Aunque la tragedia de la desaparición lenta y silenciosa de los baños públicos de Kioto es una realidad, el ingenio de su población para preservar los lugares sigue estando muy vivo.

Regálate un descanso bien ganado y prueba la tarta de limón que merece ella sola la visita.

 SARASA NISHIJIN CAFÉ
11-1 MURASAKINO HIGASHIFUJINOMORICHO, KITA-KU

京都市北区紫野東藤ノ森町11-1
さらさ西陣

TODOS LOS DÍAS: 12:00 – 22:00   +81 75-432-5075   cafe-sarasa.com

LA MEJOR
PUESTA DE SOL

En el corazón del barrio de Gion, a orillas del río, hay una terraza totalmente única. Es el lugar para disfrutar de una puesta de sol mientras tomas un cóctel, lejos de la agitación de la ciudad. Mucho más agradable que los *beer gardens* que crecen sobre los tejados de Kioto en primavera. Y Roof mezcla todas las generaciones y culturas en medio de las carcajadas.

 Y ROOF
19 BENZAITENCHO, HIGASHIYAMA WARD
Y GION BUILDING, 6ª planta   京都市東山区弁財天町19 4F

Consultar en la web los horarios de apertura	+81 75-533-8555	ygion.com

MÚSICA ELECTRÓNICA
A LA LUZ DE LAS VELAS

Unnamed bar, el bar sin nombre: no te sorprendas si te cuesta encontrarlo, forma parte del concepto.

Mucho ánimo para conseguir encontrarlo a la primera... Pero el juego merece la pena: una selección de música electrónica puntera en un bar iluminado únicamente con velas y que abre hasta el amanecer.

 UNNAMED BAR
309 BIZENJIMACHO, NAKAGYO WARD,
3ª planta, encima de Elefant Factory Coffee

京都市中京区蛸薬師通木屋町西入ル備
前島町309-4 HKビル　3F

TODOS LOS DÍAS: a partir de las 21:00

UNA NOCHE MÁGICA
A DOS HORAS DE KIOTO

¿Te apetece un gran soplo de aire fresco? ¿Un descanso en medio de tus imparables visitas?

A solo 2 horas de Kioto se encuentra una casa tradicional donde sienta bien recargar las pilas. Situada en Ine, en un pueblo de pescadores a orillas del mar del Japón, esta casa forma parte de un proyecto impresionante de hotel itinerante por el mundo.

Una hospitalidad razonable y comprometida que se adapta a la perfección al paso del tiempo.

700'000 HEURES
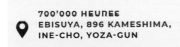 EBISUYA, 896 KAMESHIMA,
INE-CHO, YOZA-GUN

えびす屋京都府与謝郡伊根町亀島896

Abierto de abril a octubre

700000heures.com
contact@700000heures.com

En la colección de guías de experiencias esenciales,
nunca os desvelamos el lugar 31 porque
es demasiado confidencial.
Te toca a ti encontrarlo.

EL LUGAR
SECRETO

Busca la calle Kuramaguchi en un mapa.

Encuentra un templo conocido por su restaurante de cocina budista (pequeña pista: la entrada tiene un arco de escayola blanca...)

Rodea el templo por la izquierda y descubrirás los secretos de la cueva que te espera. *Kampai*!

 Punto de partida:
CALLE KURAMAGUCHI

TODOS LOS DÍAS: 17:00 – 21:00

AGRADECIMIENTOS

GRACIAS A FANY por su amistad, su curiosidad y su entu siasmo.

GRACIAS A KIKI por haberme enseñado a comprender el alma de Kioto.

GRACIAS A TAKA SAN, TATSU SAN Y TORU SAN por haberme acogido hace más de 10 años en su ciudad.

GRACIAS A RACHEL Y A ALEX por todos los ataques de risa que hemos compartido durante nuestras peregrina- ciones.

GRACIAS A FAUSTINE por la poesía de sus acuarelas.

GRACIAS A THOMAS, nuestro jefe de expedición

Este libro ha visto la luz gracias a:
Thierry Teyssier, textos
Ito Makoto y Ebisu Shin, fotografías
Faustine Ferrara, ilustraciones
Emmanuelle Willard Toulemonde, maquetación
Patricia Peyrelongue, traducción
Anahí Fernández Lencina y Lourdes Pozo, corrección de estilo
Clémence Mathé, edición

Escríbenos a contact@soul-of-cities.com
Síguenos en Instagram en @soul_of_guides

GRACIAS

En la misma colección

Soul of Atenas

Soul of Barcelona

Soul of Berlín

Soul of Lisbon

Soul of Los Angeles

Soul of Marrakech

Soul of Nueva York

Soul of Roma

Soul of Tokyo

Soul of Venecia

© JONGLEZ 2023
Depósito legal: Enero 2023 - Edición: 01
ISBN: 978-2-36195-494-9
Impreso en Eslovaquia por Polygraf